BEI GRIN MACHT SICH IHR
WISSEN BEZAHLT

- Wir veröffentlichen Ihre Hausarbeit,
  Bachelor- und Masterarbeit

- Ihr eigenes eBook und Buch -
  weltweit in allen wichtigen Shops

- Verdienen Sie an jedem Verkauf

**Jetzt bei www.GRIN.com hochladen
und kostenlos publizieren**

Agile Projektmethoden für Unternehmensübernahmen. Das Beispiel Scrum

Bibliografische Information der Deutschen Nationalbibliothek:

Die Deutsche Nationalbibliothek verzeichnet diese Publikation in der Deutschen Nationalbibliografie; detaillierte bibliografische Daten sind im Internet über http://dnb.d-nb.de abrufbar.

ISBN: 9783346476777
Dieses Buch ist auch als E-Book erhältlich.

Druck und Bindung: Books on Demand GmbH, Norderstedt Germany
Gedruckt auf säurefreiem Papier aus verantwortungsvollen Quellen

Das vorliegende Werk wurde sorgfältig erarbeitet. Dennoch übernehmen Autoren und Verlag für die Richtigkeit von Angaben, Hinweisen, Links und Ratschlägen sowie eventuelle Druckfehler keine Haftung.

Das Buch bei GRIN: https://www.grin.com/document/1064334

Hausarbeit

Einsatz agiler Projektmethoden für Unternehmensübernahmen (Alternative A)

abgegeben am 14. April 2021, Onlineabgabe der Modulprüfung
SRH Fernhochschule

Studiengang: Finance, Accounting, Controlling & Taxation (M.Sc.)

Inhaltsverzeichnis

Abkürzungsverzeichnis

Mergers & Acquisitions	M&A
Projektmanagement	PM

Abbildungsverzeichnis

1 Einleitung

1.1 Problemstellung

Unternehmen müssen sich den wechselseitigen Bedingungen und dauerhaften Veränderungen auf den Märkten stellen. Eine Möglichkeit sich diesen Wandel zu stellen und ein Unternehmen dauerhaft weiterzuentwickeln, ist das Durchführen von Unternehmensübernahmen.[1] Übernahmen sind aber sehr komplexe und herausfordernde Projekte, welche auf verschiedene Bereiche einen Einfluss haben. So müssen z. B. die IT-Systeme angepasst werden oder auch eine gemeinsame Unternehmenskultur geschaffen werden. Diese Herausforderungen können durch verschiedene Methoden umgesetzt werden. Eine dieser Vorgehensweisen für eine erfolgreiche Durchführung, ist das agile Projektmanagement (PM). Scrum, als eine Ausprägung davon, bietet in komplexen Sachverhalten verschiedene Elemente an, welche eine Umsetzung positiv gestalten können. Die Scrum-Methodik liefert den Projektbeteiligten sowohl Zwischenlösungen für eine transparente Kommunikation als auch die Möglichkeit einer flexiblen Nachsteuerung.[2]

Im Rahmen der Arbeit wird deswegen auf die einzelnen Ausprägungen von Scrum als agile PM-Methode eingegangen, da diese Vorgehensweise besonders für komplexe Projekte wie Unternehmensübernahmen geeignet ist.

1.2 Zielsetzung

Die Zielsetzung der Hausarbeit ist es, kritisch zu überprüfen ob sich der Einsatz agiler Projektmethoden dazu eignet, um eine Unternehmensübernahme durchzuführen. Im Fokus stehen die einzelnen Elemente wie Rollen, Artefakte als Ereignisse, welche Scrum als agile PM-Methode bietet.

1.3 Aufbau der Arbeit

Die Hausarbeit ist insgesamt in fünf Kapitel untergliedert. Nach der einleitenden Betrachtung folgt das zweite Kapitel. Darin wird der theoretische Hintergrund des Projektmanagements und von Mergers & Acquisitions (M&A) erläutert. Zuerst wird das agile vom klassischen PM abgegrenzt. Als nächstes wird die Kanban-Methode vorgestellt. Der darauffolgende Punkt untergliedert sich in die Defintion und Werte, Beteiligte, Artefakte und Ereignisse von Scrum. Die Begriffsherleitung und die Arten von M&A bilden den Schwerpunkt des nächsten Punktes. Anschließend wird auf die einzelnen Phasen im M&A Prozess eingegangen. Die Beschreibung

---

[1] Vgl. Wirtz (2014), S.3
[2] Vgl. Preußig (2018), S. 35

des Integrationsmanagements im M&A Prozess erfolgt danach. Abschließend wird der theoretische Teil im zweiten Kapitel zusammengefasst.

Im dritten Kapitel wird die Anwendung agiler PM-Methoden bei einer Unternehmensübernahmen erläutert. Im Anwendungsteil wird erst auf die Methodik eingegangen. Der nächste Punkt sind die Voraussetzungen für den Einsatz agiler Projektmethoden bei Unternehmensübernahmen. Es folgt die Eignung der Scrum-Rollen und Artefakte bei einer Übernahme. Der Anwendungsteil schließt mit den Ereignissen im Scrum-Prozess bei einer Fusion ab.

Die Diskussion bildet der Schwerpunkt des vierten Kapitels.

Das Fazit soll die Arbeit mit der Zusammenfassung der erarbeiteten Ergebnisse abrunden und einen Ausblick auf die Zukunft liefern.

2 Theoretische Grundlagen

2.1 Abgrenzung des agilen vom klassischen Projektmanagement

Der PM-Prozess besteht aus verschiedenen Phasen (Imitierung, Definition, Planung und Ausarbeitung), welche strukturiert durchgeführt werden sollten. Um die einzelnen Prozessabschnitte erfolgreich zu gestalten, können sowohl klassische als auch agile Ansätze verwendet. Bei den beiden Ansätzen zur Projektumsetzung ergeben sich einige Unterschiede, auf welche im Folgenden detaillierter eingegangen wird.[3]

Im klassischen PM wird die Planung des Projektumfangs sowie der Projektablauf langfristig und detailliert geplant. Kommt es zu Veränderungen im Projektverlauf, so kommt es zum Teil zu umfangreichen Anpassungen in der Zeit- und Kostenplanung.[4] Agiles PM erleichtert mittels flexibler Techniken die Handhabung bei einer erhöhten Komplexität und Veränderungsdynamik.[5] Im agilen PM werden dem Kunden verschiedene Zwischenversionen des Projektes zur Verfügung gestellt, so dass der Kunde hier frühzeitig Einfluss ausüben kann. Demgegenüber sieht der Kunde im klassischen PM nur das Endergebnis. Eine weitere Abgrenzung ergibt sich aus dem Zieldreieck des PMs. Dieses besteht aus drei Parametern, welche sich gegenseitig beeinflussen: dem Projektumfang, den Projektkosten und der benötigen Zeit des Projektes. Durch das flexible Nachsteuern wird im agilen PM der Projektumfang angepasst. Wohingegen im klassischen PM die Stellschraube der Faktor Zeit

---

[3] Vgl. Preußig (2018), S. 33-35
[4] Vgl. Walter/Berger/Mühlfelder, (2017), S. 134
[5] Vgl. Bischhof/Kohn (2015), S. 91-92

ist. Hier werden die Terminziele angepasst.[6] Aufgrund des Schwerpunktes der Hausarbeit auf die genannten Abgrenzungsmerkmale, kann auf andere Unterschiede nicht detaillierter eingegangen werden.[7] Grundsätzlich können Projekte aber auch mit einzelnen Bestandteilen aus beiden agilen Methoden umgesetzt werden. Es gibt zwischen den Ansätzen keine feste Grenze.[8]

Nach dem das agile vom klassischen PM abgegrenzt wurde, wird der Schwerpunkt in den nächsten beiden Kapiteln auf agile Methoden gelegt. Der Schwerpunkt der Arbeit bilden die Methoden Kanban und Scrum, wodurch auf andere agile Ansätze nicht eingegangen wird.[9] Der nächste Punkt erläutert das Kanban-System näher.

2.2 Kanban

Die agile PM-Methode Kanban wurde ursprünglich vom japanischen Autobauer Toyota entwickelt und ist eng verbunden mit der Just-in-Time Produktion. Das System hilft, dass so viele Produkte hergestellt wie auch wirklich benötigt werden, mit dem Ziel einer Minimierung der Lagerhaltung.[10] Im Fokus der Methode steht die kontinuierliche Verbesserung der einzelnen Schritte zu einem Gesamtprozess, welcher harmonisch und gleichmäßig abläuft.[11] David J. Anderson hat Kanban als anpassungsfähiges Softwareentwicklungssystem weiterentwickelt, welches vier Prinzipien für eine erfolgreiche Umsetzung befolgt:

- Der Prozess wird nicht vorab analysiert
- Die Veränderung erfolgt durch kleine Schritte (evolutionär)
- Die aktuellen Prozesse, Positionen sowie Verantwortlichkeiten werden nicht angezweifelt
- Auf allen Ebenen in der Organisation sollen die Personen zu Führungsaufgaben motiviert werden[12]

Der Kanban-Prozess gibt auch keine festen Abläufe und Strukturen vor, so dass die betroffenen Personen sich selbst organisieren und Aufgaben selbständig an sich ziehen können (Pull Prinzip).[13] Dem ist jedoch entgegenzuhalten, dass manche Mitarbeiter für Ihren Arbeitsablauf feste Abläufe und Strukturen benötigen.

---

[6] Vgl. Preußig (2018), S. 35
[7] Siehe dazu weitere Literatur: Preußig (2018), S. 41.
[8] Vgl. Preußig (2018), S. 33
[9] Siehe dazu weitere Literatur: Preußig (2018), S. 152
[10] Vgl. Leopold/Kaltenecker (2018), S. 12
[11] Vgl. Walter/Berger/Mühlfelder (2017), S. 138
[12] Vgl. Anderson (2020)
[13] Vgl. Kuster et al. (2019), S.22

Für eine ganzheitliche und transparente Darstellung des Prozesses hilft die Ausprägung des Kanban Boards. Das Board besteht aus drei Bereichen, welche chronologisch von den Arbeitspaketen belegt werden. Der Backlog („Arbeitsvorrat") ist der erste Teil des Kanban Boards. Im zweiten Abschnitt, dem Bereich der laufenden Iterationen werden die Arbeitspakete bearbeitet.[14] Ein wichtiges Merkmal ist hier, das erst wenn ein Arbeitspaket fertiggestellt ist, mit der Bearbeitung eines neuen Paketes begonnen wird. „Work in Progress" ist somit limitiert und die Durchlaufzeit wird verkürzt.[15] Nach dem Abschluss des Arbeitspaketes ist es „fertiggestellt" und somit im dritten Bereich des Kanban Boards. Durch dieses Vorgehen steht ein reibungsloser Arbeitsfluss im Fokus.[16]

Kanban wird mittlerweile nicht nur bei der Softwareentwicklung eingesetzt, sondern hat sich als agile PM-Methode etabliert. Kritisch anzumerken ist, dass bei Großprojekten und vielen kleinen Projekten das Kanban Board an Übersichtlichkeit und Transparenz verliert und somit ungeeignet ist.[17]

Scrum als eine weitere agile PM-Methode, hat seine Vorteile bei komplexen Großprojekten wie Fusionen. Aufgrund dessen wird auf diese Methodik und deren Elemente im darauffolgenden Kapitel eingegangen.

2.3 Scrum

2.3.1 Die Definition und Werte von Scrum

Das Wort Scrum hat seinen Ursprung in der Sportart Rugby. In dem Sport ist Scrum das Gedränge nach einer Spielunterbrechung, bei der von beiden Teams versucht wird, wieder in Ballbesitz zu kommen und den nächsten Spielzug auszuführen. Beim Rugby ist es wie bei Scrum, die Spielrichtung steht fest, aber der Weg dorthin ist vom Team durch kreative Lösungen frei definierbar.[18] Dieser Ansatz des agilen PMs wurde in den 1990er Jahren in der Softwareentwicklung durch Sutherland/Schwaber mitentwickelt, welche sich seither weiterhin mit Scrum beschäftigen. Scrum als Basis bietet ein Rahmenwerk, bei dem Teammitglieder und Organisationen geholfen wird, komplexe Herausforderungen mit adaptiven Lösungsansätzen umzusetzen. Die Grundlage für das Rahmenwerk sind vier Werte, welche im Mittelpunkt dieser agilen Methode stehen:[19]

---

[14] Vgl. Pröpper (2012), S.123
[15] Vgl. Leopold/Kaltenecker (2018), S. 12
[16] Vgl. Leopold/Kaltenecker (2018), S. 19
[17] Vgl. Schastok/Munck (2021)
[18] Vgl. Bischhof/Kohn (2015), S. 90
[19] Vgl. Schwaber/Sutherland (2020), S. 3

Commitment: Das Scrumteam vereinbart, die Ziele zu erreichen und sich gegenseitig zu helfen (siehe hierzu z. B. die Definition of Done in Kapitel 2.3.3).[20]

Fokus: Schwerpunkt liegt darauf, den Fortschritt in Richtung der Ziele zu bewirken.[21]

Offenheit: Es wird zwischen Team und Stakeholdern offen über die Fachthemen kommuniziert.[22]

Respekt: Die Teammitglieder sollen sich untereinander als fähige Menschen wertschätzen.[23]

Mut: Unter diesem Wert versteht sich das Lösen komplexer Herausforderungen.[24]

Die Werte dienen als Grundlage in Scrum, aber damit diese während dem Projekt auch gelebt werden, benötigt es spezielle personelle Rollen. Deswegen werden die Verantwortlichkeiten als wichtiger Baustein im folgenden Kapitel näher vorgestellt.

2.3.2 Beteiligte im Scrum Prozess

Außerhalb des Scrum-Teams sind die Stakeholder elementar, welche Kunden, Anwender oder das Management sein können. Zu Beginn sind sie Ideengeber und während des Prozesses ein sich einmischendes Steuerelement. Sie äußern Ideen, Feedback und Erwartungen.[25]

Innerhalb des Scrum-Teams ergeben sich vorgegebene Rollen mit entsprechenden Verantwortungen, Befugnissen sowie Aufgaben.[26] So besteht jedes Scrum Team aus einem Product Owner, Developern und einem Scrum Master.[27]

Der Product Owner ist im direkten Austausch mit den Stakeholdern des Projektes. Dadurch ist sichergesellt, dass sich die Ideen des Auftraggebers im Product Backlog (siehe Kapitel 2.3.3) mit der passenden Priorisierung wiederfinden.[28] Somit ist der Product Owner direkt verantwortlich für die Maximierung des Produktergebnisses der Ideengeber.[29]

Die Developer bzw. das Entwicklungsteam arbeiten selbständig die Aufgaben eines Sprints ab (siehe Kapitel 2.3.4) und sind ausschließlich fachlich an den Product Owner gebunden.[30]

---

[20] Vgl. Schwaber/Sutherland (2020), S. 4
[21] Vgl. Schwaber/Sutherland (2020), S. 4
[22] Vgl. Schwaber/Sutherland (2020), S. 4
[23] Vgl. Schwaber/Sutherland (2020), S. 5
[24] Vgl. Schwaber/Sutherland (2020), S. 5
[25] Vgl. Pascher/Ropers/Zillmer (2018), S. 143
[26] Vgl. Bischhof/Kohn (2015), S. 91
[27] Vgl. Preußig (2020), S. 140
[28] Vgl. Pröpper (2012), S. 52-53
[29] Vgl. Schwaber/Sutherland (2020), S. 6
[30] Vgl. Preußig (2018), S. 143

Ergebnisverantwortung haben die Developer zum einen für die Erstellung des Plans für den Sprint sowie auch dessen Erreichung und zum anderen für die Einhaltung der Produktqualität. Zudem stehen sich die Entwickler wechselseitig als Experten zur Verfügung.[31]

Der Scrum Master Teammitglied ist verantwortlich für die inhaltliche Durchführung von Scrum im Team als auch in einer Organisation. Zwischen Theorie und Praxis fungiert er als Bindeglied. Ergebnisverantwortlich ist er für die Effektivität im Team. Es wird erreicht durch die Anwendung des Scrum Rahmenwerkes.[32]

Während dem kompletten Prozess arbeiten die Beteiligten auf (Zwischen-) Ziele hin um das Projekt erfolgreich abzuschließen. Die Ausprägung der einzelnen Ergebnisse findet sich in den Scrum Artefakten wieder, die im Fokus des nächsten Gliederungspunktes stehen.

2.3.3 Scrum Artefakte

Scrum Artefakte kommen ursprünglich aus der Softwareindustrie und bezeichnen die (Zwischen-) Ergebnisse, welche während dem Projekt entstehen. Das Artefakt für ein Teilprodukt ist die Definition of Done. Dahinter steht die formale Beschreibung, welche die vom ganzen Team akzeptierte Kriterien umfasst, wann eine Aufgabe fertig ist. Das Teilprodukt im Produktentwicklungsprozess wird als Inkrement bezeichnet.[33] Während dem Sprint (siehe hierzu Kapitel 2.3.4), können mehrere Inkremente fertiggestellt werden, die im Sprint Review (siehe hierzu Kapitel 2.3.4) vorgestellt werden.[34]

Das Product Backlog hat als Artefakt das Produktziel. Die Beschreibungen der verschiedenen Anforderungen aus Kundensicht finden sich im Product Backlog wieder. Während des Projektverlaufs, kann das Backlog durch veränderte Anforderungen angepasst werden. Sind genug Informationen und eine Aufwandseinschätzung vorhanden, kann das Arbeitspaket in das Sprint Backlog übernommen werden (siehe hierzu nächster Abschnitt).[35]

Beim Sprint Backlog steht das Sprint Ergebnis im Mittelpunkt.[36] Im Sprint Backlog sind Anforderungen, welche für den aktuellen Sprint umgesetzte werden sollen. Dadurch ist ersichtlich, welche Arbeit im Sprint anfällt und mit welchem zeitlichen Aufwand es verbunden ist. Die Verantwortlichen im Sprint-Team kümmern sich um die Arbeitspakte im Sprint Backlog.[37]

[31] Vgl. Schwaber/Sutherland (2020), S. 6
[32] Vgl. Schwaber/Sutherland (2020), S. 7
[33] Vgl. Preußig (2020), S. 137-138
[34] Vgl. Schwaber/Sutherland (2020), S. 13
[35] Vgl. Preußig (2018), S. 135-136
[36] Vgl. Preußig (2018), S. 135
[37] Vgl. Preußig (2018), S. 137-138

Alle Artefakte beinhalten ein Commitment (siehe Kapitel 2.3.1) für das Erreichen der Ziele.[38] Neben den Artefakten von Scrum, benötigt es für die erfolgreiche Umsetzung verschiedene Aktivitäten, welche den Schwerpunkt des darauffolgenden Kapitels bilden.

2.3.4 Ereignisse im Scrum-Prozess

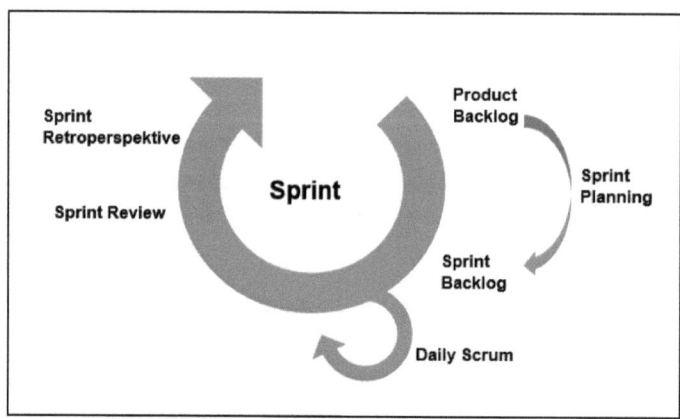

Abbildung 1: Überblick der Scrum Ereignisse

Eigene Darstellung, in Anlehnung an Preußig (2020), S. 148

In der Abbildung 1 ist ersichtlich, dass der Sprint im Mittelpunkt der Ereignisse im Scrum Prozess steht. Im agilen PM wird der Sprint auch als Iteration bezeichnet.[39] Die Dauer ist fest vorgegeben und liegt meistens bei einem Monat. Der nächste Sprint folgt nach dem Abschluss des letzten Sprints. Alle Maßnahmen für die Erreichung des Produktziels finden während dem Sprint statt. Dafür darf während des Sprints keine Anforderung in der Iteration platziert werden, da diese das Sprint Ziel gefährden.[40] Diese Auffassung ist zu unterstützen, aber in Organisationen mangelt es oft an Akzeptanz für dieses Vorgehen. Die Folge ist das Platzieren neuer Anforderungen in den Sprint.[41] Das Product Backlog darf aber trotzdem fortlaufend angepasst werden. Die Sprints ermöglichen eine erhöhte Transparenz zum eventuellen Nachsteuern und zur Vorhersagegenauigkeit der Produktziele.[42]

---

[38] Vgl. Preußig (2020), S. 138
[39] Vgl. Preußig (2020), S. 138
[40] Vgl. Schwaber/Sutherland (2020), S. 8
[41] Vgl. Preußig (2020), S. 151
[42] Vgl. Schwaber/Sutherland (2020), S. 8

Der Startpunkt eines jeden Sprints ist das Sprint Planning (siehe Abbildung 1). Zum einen klärt der Product Owner, welche Backlogeinträge im Fokus stehen und zum anderen plant das Entwicklungsteam die zeitlichen Einschätzungen der Arbeiten im Sprint.[43]

Im Daily Scrum (siehe Abbildung 1), als tägliches Meeting bespricht sich das Entwicklungsteam für 15 Minuten, um sich über den Fortschritt für das Sprint-Ziel zu unterhalten.[44] Für das Abhalten des Meetings ist der Scrum Master verantwortlich. Zusätzlich kümmert sich dieser um das strikte Beachten der Meeting Dauer von 15 Minuten.[45] Die zeitliche Einhaltung des Rahmens wird als Timeboxing bezeichnet.[46]

Im Sprint Review (siehe Abbildung 1) tauschen sich sowohl das Scrum Team als auch die internen bzw. externen Kunden miteinander aus, um über die Ergebnisse des Sprints zu kommunizieren. In dem Arbeitstermin werden die nächsten Schritte miteinander ausgetauscht. Es bildet das vorletzte Event des Sprints ab.[47]

Die Sprint Retrospective (siehe Abbildung 1) schließt jeden Sprint ab. Das Meeting hat das Ziel die Qualität und Effektivität zu steigern. Die erarbeiteten Verbesserungsvorschläge übernimmt das Scrum Team in die Praxis.[48]

Kritisch hervorzuheben ist, dass es sehr viele Ereignisse im Scrum-Prozess gibt. Die Meetingkultur kann zu einem Zeitfresser werden und zu einem Nachteil bei Scrum werden.[49]

In der Hausarbeit wird die Eignung von agilen Projektmanagementmethoden für die Durchführung von Unternehmensübernahmen untersucht. Auf die theoretischen Grundlagen von Fusionen wird im nächsten Kapitel eingegangen.

2.4 Die Begriffsdefinition und Arten von Mergers & Acquisitions

Seit der ersten Übernahmewelle (1895-1904) befindet sich das Begriffspaar M&A in Verwendung. Zu Beginn der 80er Jahre des 20 Jahrhunderts wurde der Begriff in der deutschsprachigen Forschung intensiver betrachtet. In der Wissenschaft und Praxis hat sich aber kein allgemeingültiger Begriff durchgesetzt. Im Sprachgebrauch wird M&A als Synonym für Fusionen, Zusammenschlüsse, Strategische Allianzen, Unternehmensakquisitionen, Takeover und Übernahmen verstanden.[50] Wirtz legt den Mittelpunkt in seiner Erläuterung auf

---

[43] Vgl. Preußig (2020), S. 145
[44] Vgl. Schwaber/Sutherland (2020), S. 10
[45] Vgl. Preußig (2020), S. 146
[46] Vgl. Preußig (2020), S. 110
[47] Vgl. Schwaber/Sutherland (2020), S. 10
[48] Vgl. Schwaber/Sutherland (2020), S. 10
[49] Vgl. Schastok/Munck (2021)
[50] Vgl. Wirtz (2014), S.9

den kompletten Prozess eines strategisch motivierten Kaufs beziehungsweise eines Zusammenschlusses sowie die nachgelagerte Integration.[51] Behrens/Merkel hingegen, legen den Schwerpunkt Ihrer Definition auf „Fusionen und Übernahmen von Unternehmen beziehungsweise deren Teilbereichen oder Tochtergesellschaften".[52] Dem ist entgegenzuhalten, dass die nachgelegte Integration bei Behrens/Merkel keine Rolle spielt. Der Schwerpunkt der Hausarbeit liegt auf Unternehmensübernahmen im M&A Prozess, deswegen wird auf andere Definitionen nicht weiter eingegangen und im weiteren Verlauf die Charakteristika von Übernahmen herausgearbeitet.[53]

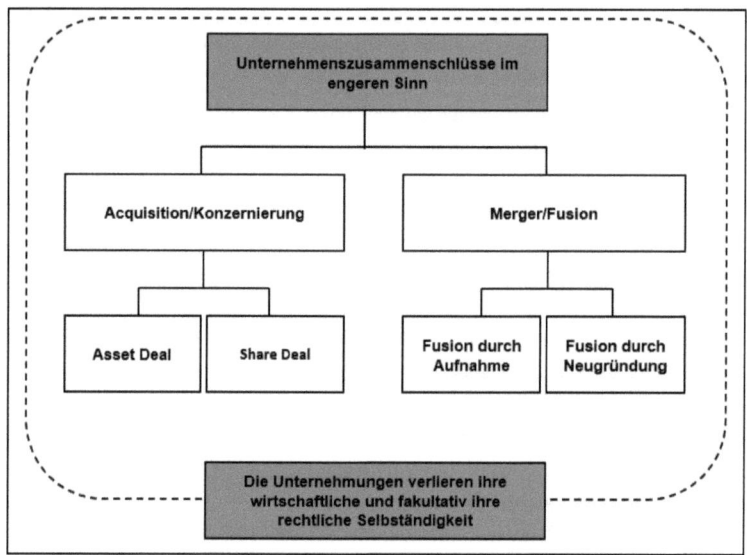

Abbildung 2: Formen von Unternehmenszusammenschlüssen im engeren Sinn Eigene Darstellung, in Anlehnung an Wirtz (2014), S.12

Bei einer Unternehmensübernahme und Zusammenschlüssen sind, wie in Abbildung 2 ersichtlich ist, mittels rechtlicher und wirtschaftlicher Kriterien zwei Formen zu unterscheiden: die konzernmäßige Akquisition und die Fusion.[54] Bei beiden Formen verliert zumindest eines der beteiligten Unternehmungen seine wirtschaftliche Selbständigkeit.[55] Eine konzernmäßige

---

[51] Vgl. Wirtz (2014), S.11
[52] Behrens/Merkel (1990), S.11
[53] Siehe dazu weitere Literatur: Lucks/Meckl (2015), S. 5
[54] Vgl. Wirtz (2014), S.14
[55] Vgl. Jansen (2008), S. 195

Akquisition ist der Erwerb von Unternehmensteilen oder kompletten Unternehmungen, bei denen die rechtliche Selbständigkeit bewahrt wird.[56]

Bei der Konzernierung (siehe Abbildung 2) wird ein Unternehmen entweder durch einen Asset Deal (Vermögenserwerb) oder einen Share Deal (Beteiligungserwerb) übernommen. Beim Vermögenserwerb wird die kompletten Aktiva und Passiva der übernommenen Unternehmung beim Käufer bilanziert. Beim Beteiligungserwerb wird durch die mehrheitliche Übernahme der Gesellschaftskapitalanteile der Zusammenschluss vollzogen.[57]

Bei Fusionen handelt es sich um die engste Form des Unternehmenszusammenschlusses. Hier werden zwei Unternehmungen wirtschaftlich und rechtlich vereinigt, sodass eine rechtliche Einheit weiter existiert. Es sind zwei Ausprägungen zu unterscheiden (siehe Abbildung 2): die Fusion durch Aufnahme und die Fusion durch Neugründung. Die Fusion durch Aufnahme bezeichnet die Aufnahme des Vermögens und der Verbindlichkeiten eines der beteiligten Unternehmen des anderen Unternehmens. Die aufgenommene Unternehmung verliert Ihre Existenz wohingegen die aufnehmende Unternehmung erhalten bleibt.[58] Die Fusion durch Neugründung charakterisiert sich durch die Zusammenfassung der beteiligten Unternehmungen zu einer neu gegründeten Unternehmung.[59] Die Hausarbeit behandelt einen Unternehmenszusammenschluss als Schwerpunkt, bei der eine Fusion durch Aufnahme vollzogen wird. Im weiteren Verlauf der Arbeit wird auf diese Fusion eingegangen.

Bei M&A Transaktionen muss zudem die Art der Fusion betrachtet werden. Es wird zwischen horizontalen, vertikalen und konglomeraten Zusammenschlüssen unterschieden. Horizontale M&A sind Verbindungen von Unternehmen derselben Branche auf gleicher Produktionsstufe. Vertikale Zusammenschlüsse sind Übernahmen aus vor- oder nachgelagerten Produktionsstufen. Unter einer konglomeraten Unternehmensverknüpfung versteht sich eine Transaktion, die zu einem neuen Produkt-Markt-Feld führt. Der Schwerpunkt der Hausarbeit liegt auf Unternehmenszusammenschlüssen deswegen wird auf die verschiedenen Unterausprägungen der leistungswirtschaftlichen Ausrichtung nicht im Detail eingegangen.[60] Nach dem in diesem Kapitel die Defintion der Unternehmenszusammenschlüsse und die Arten von Fusionen erläutert wird, vertieft das nächste Kapitel die einzelnen Phasen im M&A Prozess.

---

[56] Vgl. Wirtz (2014), S.14
[57] Vgl. Wirtz (2014), S.14
[58] Vgl. Wirtz (2014), S.15
[59] Vgl. Brähler (2008), S. 36
[60] Siehe dazu weitere Literatur: Jung (2006), S. 130

2.5 Die Phasen des Mergers and Acquisitions Prozesses

Der M&A Prozess besteht aus drei Phasen, in denen es verschiedene Teilprozesse und Aktivitäten gibt.[61] Begrifflich haben sich in der Fachliteratur keine einheitlichen Bezeichnungen für die drei Phasen ergeben.[62] Die Hausarbeit orientiert sich deswegen an den Bezeichnungen von Picot. Dieser gliedert den Prozess in Planung, Durchführung und Integration bzw. Implementierung.[63]

Die Planungs- bzw. Pre-Mergerphase ist die erste Phase. In dieser wird die Vision zur Verwirklichung einer Fusion entwickelt. Im Fokus steht hier die Entwicklung einer Basisstrategie, welche den möglichen Nutzen einer Unternehmensübernahme bewertet. Es muss somit zuerst die eigene Unternehmung und deren Umfeld analysiert werden.[64]

Die darauffolgende Phase, ist die Merger- bzw. Durchführungsphase. Diese bedient sich an den Informationen aus der Planungsphase. In der zweiten Phase wird eine strategische Planung erstellt und anschließend die Fusion umgesetzt.[65]

Die dritte Phase ist die Post-Merger- bzw. Integrationsphase. Hierunter fallen alle Koordinationsaktivitäten, die zwischen kaufender und gekaufter Unternehmung anfallen.[66] Ziel ist bei einer Unternehmensübernahme durch Aufnahme aus zwei Unternehmungen eine zu formen. Aufgrund dessen müssen alle Maßnahmen vollzogen werden, welche Akzeptant bei den Mitarbeitern schafft und einen Unternehmenswandel einleitet.[67] Um diesen Prozess erfolgreich gestalten zu können, bedarf es eines Integrationsmanagements, auf das im darauffolgenden Gliederungspunkt eingegangen wird.

2.6 Das Integrationsmanagement bei Unternehmensübernahmen

Während dem M&A Prozess gibt es verschiedene Einflussgrößen auf die Unternehmensintegration und somit auch auf das Integrationsmanagement. Die Haupteinflussgrößen sind die Unternehmenskultur, die Unternehmensstruktur sowie der Faktor Mensch.[68] Um die Integration und deren Einflussgrößen erfolgreich zu gestalten, ist es wichtig den Integrationsprozess spätestens nach Abschluss der Pre-Merger Phase zu starten. Ab diesem Zeitpunkt besteht für die beteiligten Unternehmen die Klarheit, ob es zur Fusion kommt. Damit können die Integrationsstrategien und Konzepte rechtzeitig umgesetzt werden.

---

[61] Vgl. Hinne (2008), S. 50
[62] Weiterführende Literatur: Dabui (1998), S. 21
[63] Vgl. Picot (2012, S. 26
[64] Vgl. Hinne (2008), S. 62
[65] Vgl. Luik (2012), S. 57
[66] Vgl. Hinne (2008), S. 50
[67] Vgl. Luik (2012), S. 68
[68] Vgl. Luik (2012), S. 74

Beispielhafte Aufgaben für die Umsetzung in der Merger Phase, sind die Anbindung der IT oder die Umgestaltung der Aufbau- und Ablauforganisation in der Unternehmung. Als exemplarische Tätigkeiten in der Post-Merger Phase sind sowohl eine Kulturintegration als auch die Öffentlichkeitsarbeit zu nennen.[69] Um die Integration und das Projekt der Unternehmensübernahme positiv zu gestalten, sind verschiedene Faktoren zu berücksichtigen. So sollte innerhalb der Belegschaft ein positives Integrationsklima geschaffen werden, so dass unter den Mitarbeitern keine Ängste entstehen. Weitere Aspekte sind eine sanfte Eingliederung durchzuführen, aber trotzdem die Eigenständigkeit der Mitarbeiter belassen. Dadurch entsteht bei den zwei beteiligten Unternehmungen keine Zweiklassengesellschaft. Beim Unternehmenszusammenschluss ist ein wesentlicher Bestandteil die Integration einheitlicher und gemeinsamer Prozesse möglichst ohne externe Manager. Das Berücksichtigen der gesamten Aspekte erhöht die Wahrscheinlichkeit eines positiven Integrationsprozesses.[70] Nach dem der Prozess des Integrationsmanagements aufgezeigt wurde, wird im nächsten Kapitel der Theorieteil zusammengefasst.

2.7 Zusammenfassung theoretischer Teil

Zusammenfassend, lässt sich sagen, dass zwischen den klassischen und den agilen Methoden unterschieden werden muss. Als Differenzierungsmerkmale dienen zum einen die flexibleren Methoden und das frühzeitige Intervenieren von Kunden im agilen PM. Kanban als eine beschriebene agile Methode, führt mittels kontinuierlicher Verbesserungen der einzelnen Schritte zu einem harmonischen und gelichmäßigen Gesamtprozess. Zur Abbildung dieses Prozesses dient das Kanban Board, mit welchem der Ablauf ganzheitlich und transparent dargestellt wird. Scrum als eine weitere agile Methode bietet ein potenziell nutzbares Produkt Stück für Stück an. Durch dieses Vorgehen können adaptive Lösungen für komplexe Sachverhalte im Gegensatz zu Kanban angeboten werden.

Eine komplexe Fragestellung sind M&A, wobei der Fokus in der Hausarbeit auf Unternehmenszusammenschlüssen liegt. Dabei ist zwischen horizontalen, vertikalen und konglomeraten Zusammenschlüssen zu unterscheiden. Der M&A Prozess ist in drei Hauptphasen zu unterscheiden: Pre-Merger-, Merger und Post-Merger-Phase. Der Integrationsprozess sollte nach der Pre-Merger-Phase starten. Die größten Einflussfaktoren für den Erfolg der Integration sind die Unternehmenskultur, Unternehmensstruktur als auch der Faktor Mensch. Um den Erfolg der Integration zu gewährleisten sind verschiedene Faktoren wie z. B. die Schaffung eines positiven Integrationsklimas oder ein sanftes Eingliedern wichtig.

---

[69] Vgl. Luik (2012), S. 101-102
[70] Vgl. Management-Blog (2015)

3 Anwendungsteil

3.1 Methodisches Vorgehen

Um herauszufinden, ob sich der Einsatz agiler Projektmanagementmethoden für ein Projekt der Unternehmensübernahme eignet, wurde die Methodik der qualitativen Literaturrecherche angewendet. Um einen Überblick über agiles PM im Zusammenhang mit Unternehmensübernahmen zu erlangen, wurde auf Fachliteratur und Artikeln aus dem Internet zu agilen PM und M&A zurückgegriffen. Hilfsmittel für die Internetrecherche war sowohl Google Scholar als auch die Onlinebibliothek der SRH Fernhochschule. Des Weiteren wurde in der Karlsruher Universitätsbibliothek nach agilem PM und M&A Literatur recherchiert. Auf Bücher und Artikel, die die im März 2021 im Internet und der Bibliothek zur Verfügung standen, wurde zurückgegriffen. Die Fachliteratur besteht aus praxisorientierten Berichten von Unternehmungen als auch aus theoriebasierten Büchern aus der Wissenschaft. Der Schwerpunkt der Litertaturrecherche lag bei der agilen Projektvorgehensweise vor allem auf Scrum und bei M&A auf Unternehmensübernahmen. Die relevante wissenschaftliche Literatur wurde daraufhin analysiert auf Basis eines interpretativen und beschreibenden Vergleichs der Daten.

Die Gütekriterien sind erfüllt. Die Transparenz für die Hausarbeit ist eingehalten, durch das Beschreiben der Vorgehensweise bei der Litertaturrecherche im Internet und in der Bibliothek. Auf die Intersubjektivität und die Reichweite wird im Diskussionsteil eingegangen.

Im nächsten Kapitel wird mittels der ausgewählten Methodik auf die Einsatzmöglichkeiten agiler PM-Methoden im Zusammenhang mit einer Unternehmensübernahme eingegangen.

3.2 Voraussetzungen für den Einsatz agiler Projektmethoden

Die Voraussetzung für den erfolgreichen Einsatz des agilen PMs ist, zum einen die agile Vorgehensweise sowie die dazugehörigen Werkzeuge zu kennen und zum anderen auch das Gedankengut und die Haltung dahinter. Ein agiles PM funktioniert nur, wenn die Mitarbeiter dahinterstehen und zusammenarbeiten. Dem ist jedoch entgegenzuhalten, dass oft nur die Werkzeuge und nicht die Grundeinstellung vorhanden ist.[71] Im Übernahmeprozess sollte beides vorhanden sein in den Unternehmen, da sonst ein ohnehin aufwändiges Projekt zusätzlich an Komplexität gewinnt.

Nicht nur die Grundeinstellung und Werkzeuge, sondern auch der Startpunkt des agilen PMs im Übernahmeprozess ist eine entscheidende Voraussetzung. Der Ausgangspunkt des agilen PM bei einer Unternehmensübernahme ist idealerweise, sobald mit dem Integrationsprozess

---

[71] Vgl. Kusay-Merkle (2018), S. 4

begonnen wird. Der späteste Zeitpunkt ist nach der Pre-Merger-Phase, da hier absehbar ist ob die Unternehmen zusammenkommen.[72] Dem ist nicht zuzustimmen, da das agile PM in der Merger-Phase beginnen sollte, wenn es zur eigentlichen Umsetzung der Übernahme kommt (z. B. durch die Anbindung der IT-Systeme des übernommenen Unternehmens).[73] Grundlage ist, dass das Projektteam frühzeitig die nötigen Informationen und den Handlungsrahmen erhält, um die Themen zu bearbeiten. Dadurch entsteht die nötige Transparenz für alle Beteiligten, um die Themen für den Unternehmenszusammenschlusses umzusetzen.

Neben dem Startzeitpunkt und der agilen Grundeinstellung, ist ein erfolgreiches Integrationsmanagement bei einem Unternehmenszusammenschluss ein entscheidender Faktor, damit ein agiles PM funktioniert. Die Haupteinflussgrößen sind neben dem Faktor Mensch und der Unternehmensstruktur, die Unternehmenskultur.[74] Wichtig ist, die aufeinandertreffenden Kulturen der beiden Unternehmen zusammen zu führen und somit die Kulturintegration zu vollziehen.[75] Eine einheitliche Unternehmenskultur kann zum Erfolg führen, so dass z. B. die Mitarbeiter motivierter sind und auch Arbeitsabläufe verbessert werden.[76] Für die Verbesserung der Prozesse müssen aber erst die Widerstände vor allem von den Mitarbeitern und dem Mittelmanagement ausgeräumt werden. Vorstände und Aufsichtsräte sind die Treiber eines Wandels der Unternehmenskultur.[77] Um den Mitarbeitern Orientierung zu geben, ist es relevant sich proaktiv auf das gemeinsame Ziel des Unternehmenszusammenschlusses zu konzentrieren.[78] So kann eine gemeinsame Kultur geschaffen werden und die Zusammenführung in neue gemeinsame Teams erleichtert werden. Im Vordergrund stehen bei der Schaffung der einheitlichen Unternehmenskultur die Rollen der einzelnen Mitarbeiter im agilen Projekt, da diese hinter der neuen Kultur stehen müssen.

Hierzu werden die Leistungsträger aus beiden Organisationen benötigt, denn bei diesen ist das größte Detailwissen vorhanden. Zusätzlich müssen die Mitarbeiter offen für Veränderungen sein und den Unternehmenswandel mittragen.[79] Wie erläutert, sind die Projektbeteiligten ein entscheidender Faktor für die Unternehmensübernahme. Wie sich die einzelnen Rollen im Zusammenhang zwischen Scrum und der Übernahme verhalten, wird im nächsten Gliederungspunkt erläutert.

---

[72] Vgl. Wirtz (2014), S. 362
[73] Vgl. Luik (2012), S. 101-102
[74] Vgl. Luik (2012), S. 74
[75] Vgl. Luik (2012), S. 113
[76] Vgl. Prott (2004), S. 36
[77] Vgl. Lauer (2019), S. 50
[78] Vgl. Frohn/Walleyo (2016), S. 187
[79] Vgl. Frohn/Walleyo (2016), S. 190

3.3 Scrum-Rollen bei einer Unternehmensübernahme

Um nicht nur zeitlich rechtzeitig in der Merger Phase zu starten, sondern auch organisatorisch das PM für eine Übernahme aufzubauen, kann auf Scrum als agile Methode zurückgegriffen werden. Das Scrum-Team mit seinen vordefinierten Rollen, hilft solch ein Projekt umzusetzen. Ein Vorteil ist, dass der Product Owner der Geschäftsführung als Stakeholder als ein fester Ansprechpartner hat für die komplette Integration dient.[80] So sind klare Kommunikationsstrukturen gegeben und das Management der übernehmenden Unternehmung kennt die Ansprechpartner für die einzelnen Themen. Das Entwicklungsteam kann sich somit ganz auf die komplexen Fachthemen konzentrieren. Denn bei der Integration der elektronischen Datenverarbeitung ist beispielsweise nicht nur die Aufbau- und Ablauforganisation betroffen, sondern auch einzelne technologische Komponenten.[81] Kritisch an dieser Organisationsform hervorzuheben ist, dass ein einziger Product Owner überfordert sein kann bei so einem vielschichtigen Vorhaben. Um dieses Risiko zu minimieren, sollte der Product Owner ein erfahrener Mitarbeiter sein, welche seine Rolle perfekt versteht.[82] Eine weitere Möglichkeit ist auch den Product Owener auf mehrere Personen zu verteilen, dies führt aber schnell zu Unklarheiten mit oder zwischen den Product Ownern.[83] Außerdem sollte ein positives Integrationsklima geschaffen werden.[84] Dies kann durch eine Durchmischung mit Mitarbeitern aus beiden Unternehmen im Projektteam erreicht werden, so dass sich die Belegschaft der beiden Unternehmen besser kennen lernen. Dies ist der erste Schritt für die Schaffung einer neuen gemeinsamen Unternehmenskultur. Eine versteckte Abwertung des übernommenen Unternehmens ist dadurch zu vermeiden.[85] Deswegen sollte die Mitarbeiteranzahl des übernommenen Unternehmens im Entwicklungsteam bei mindestens der Hälfte liegen. Gleichwohl sollten es pro Projektteam nicht mehr als zehn Mitarbeiter sein, da sonst die Zusammenarbeit ineffizient wird. Ein Lösungsansatz wäre hier, mehrere Projektteams zu bilden. Zusätzlich ist aufzuführen, dass die Mitarbeiter das nötige fachliche Know-How haben sollten, um ein solch komplexes Projekt zu bewerkstelligen.[86] Zu Rollenkonflikten kommt es, wenn es in einem der beiden oder in beiden Unternehmungen kein agiles PM gibt oder es auch nicht richtig gelebt wird. Hier sind Konflikte und Missverständnisses vorprogrammiert.[87]

---

[80] Vgl. Schwaber/Sutherland (2020), S. 6
[81] Vgl. Luik (2012), S. 112
[82] Vgl. ejobs (2014)
[83] Vgl. Preußig (2020), S. 151
[84] Vgl. Management-Blog (2015)
[85] Vgl. Moeller/Heitger (2005), S. 83
[86] Vgl. Baier (2014), S. 66
[87] Vgl. Preußig (2020), S. 151

Die verschiedenen Rollen in der Projektorganisation sind ein Bestandteil des agilen PMs. Ein weiterer sind die verschiedenen Artefakte, welche im Übernahmeprozess umgesetzt werden müssen und im folgenden Gliederungspunkt näher erläutert werden.

3.4 Scrum-Artefakte bei einer Unternehmensübernahme

Eine Unternehmensübernahme ist ein dynamisches Projekt, bei dem sich die Anforderungen und Erwartungen im Laufe des Prozesses verändern bzw. neue Themen in den Vordergrund treten, welche zu Beginn des Zusammenschlusses noch nicht berücksichtigt wurden. Hier hilft das Product Backlog, welches flexibel ist und fortlaufend mit den Wünschen der Stakeholder abgeglichen wird. Änderungen welche z. B. bei der Einführung einer neuen Computer Hardware auftreten, können berücksichtigt werden. Die Anforderungen sind durchnummeriert und strukturiert, so dass transparent aufgezeigt wird, auf welchen Themen der Fokus liegt. Das übernehmende Unternehmen als Stakeholder priorisiert die Themen.[88] Dies erleichtert die Übernahme und hilft die Ressourcen zu steuern, da alle technischen Ressourcen und alle Datenbanken miteinander verbunden werden müssen.[89] Kritisch hier anzumerken ist, dass es entscheidend ist, welche Stakeholder priorisieren. Die Entscheider sollten sich auch fachlich mit der Problematik im Zusammenhang mit M&A Projekten auskennen. Für die Durchführung von Unternehmensübernahmen benötigt es eine umfassende Kompetenz, welche nicht in jedem Unternehmen vorhanden ist.[90] Außerdem sind im Top-Management oft nicht die Kapazitäten für einen intensiven Austausch mit dem Product Owner vorhanden.[91]

Durch das Sprint Backlog, ist für alle Verantwortlichen transparent, wie hoch der zeitliche Aufwand der Aufgaben bis zum nächsten Sprint ist.[92] Dies ist elementar, da alle Beteiligten unter hohem Zeit- und Qualitätsdruck stehen.[93] Der Faktor Zeit hat auch bei Scrum die höchste Priorität, so dass durch das Einhalten der zeitlichen Determinante dem Termindruck entgegengewirkt wirkt.[94] Dies kann dazu führen, dass nicht alle relevanten Anforderungen umgesetzt werden können.

Bei den Inkrementen als Teilprodukte hilft die Definition of Done dem agilen Projektteam, dass ein einheitliches Verständnis für die Fertigstellung der Aufgaben besteht. Nach diesen Kriterien, ist ein Inkrement fertig gestellt.[95] Dies hilft allen Projektbeteiligten, da diese aus den

---

[88] Vgl. Preußig (2020), S. 137
[89] Vgl. Horstmann (2011), S. 175
[90] Vgl. Hinne (2008), S. 93
[91] Vgl. Hinne (2008), S. 97
[92] Vgl. Preußig (2018), S. 137
[93] Vgl. Hinne (2008), S. 108
[94] Vgl. Preußig (2018), S. 105
[95] Vgl. Preußig (2020), S. 137

beiden betroffenen Unternehmungen kommen und möglicherweise ein anderes Verständnis zu den Fachthemen haben.

Durch die Scrum Artefakte werden die Zwischenergebnisse für alle Beteiligten transparent aufgezeigt. Es ist allen Beteiligten klar, wann z. B. die Hardware angepasst wird und wann die Software in das übernommene Unternehmen übertragen wird. Im nächsten Gliederungspunkt werden die verschiedenen Ereignisse des agilen Projektmanagements mit einer Übernahme in Verbindung gebracht und kritisch hinterfragt.

3.5 Ereignisse im Scrum-Prozess bei einer Unternehmensübernahme

Der Sprint als Herzstück des Scrum-Prozesses hilft das ganze Projekt in kleinen Etappen anzugehen und trotzdem die komplette Übernahme nicht aus den Augen zu verlieren. Wichtig ist, dass es nicht um das schnelle Erreichen der Ziele geht, sondern eine nachhaltige Arbeitsgeschwindigkeit im Vordergrund steht.[96] Bei Unternehmenszusammenschlüssen entstehen während den Sprints zusätzliche Anforderungen. Die neuen Themen sollten nicht in einen laufenden Sprint hinzugefügt werden, auch wenn die Anforderungen vom oberen Management kommen. Dies muss durch den Scrum Master ausbalanciert werden. Dem ist jedoch entgegenzuhalten, dass sich dieser aufgrund der fehlenden Rückdeckung in beiden Unternehmen nicht durchsetzen kann.[97]

Das Sprint Planning als Startpunkt eines jeden Sprints, hilft Transparenz zu schaffen. Durch die Backlogeinträge ist den Beteiligten klar, was auf der Agenda steht und mit welchem zeitlichen Aufwand die Themen verbunden sind.[98]

Im Daily Scrum als tägliches Meeting wird im Projektteam Transparenz geschaffen.[99] Der Austausch ist wichtig, wobei dieser nicht wie bei Scrum täglich sein muss. Laut Frohn/Walleyo reichen regelmäßige wöchentliche Meetings.[100] Kritisch zu sehen ist zudem aber, ob die Meeting Dauer von 15 Minuten dauerhaft eingehalten werden kann. Hintergrund ist, dass es viele Themen in einem vielschichtigen Projekt mit Beteiligten aus zwei Unternehmen zu besprechen gibt.

Im Sprint Review und in der Sprint Retrospective werden Erfahrungswerte zwischen den Beteiligten ausgetauscht. Dies hilft im Projektverlauf ein gemeines Verständnis für die

---

[96] Vgl. Preußig (2020), S. 149
[97] Vgl. Preußig (2020), S. 151
[98] Vgl. Preußig (2020), S. 145
[99] Vgl. Schwaber/Sutherland (2020), S. 10
[100] Vgl. Frohn/Walleyo (2016), S. 190

einzelnen Themen zu entwickeln. Durch den entstandenen Benefit können alle Projektbeteiligte für spätere Phasen der Übernahme profitieren.

Im nächsten Kapitel wird auf die erarbeiteten Ergebnisse im Anwendungsteil Ergebnisse sowie deren Interpretation in der Diskussion eingegangen.

4 Diskussion

In der vorliegenden Hausarbeit wurden mittels einer Literaturrecherche geprüft, ob mit dem Einsatz agiler Projektmethoden das Projekt einer Unternehmensübernahme umsetzbar ist. Das literaturbasierte Vorgehen zielte darauf ab, die einzelnen Bestandteile von Scrum als agile Vorgehensweise im Kontext der Übernahme kritisch zu hinterfragen.

Die ausgewertete Literatur zeigt deutlich auf, dass mit den Elementen des agilen PMs ein Unternehmenszusammenschluss umgesetzt werden kann. Dafür benötigt es aber bestimmte Voraussetzungen. Das agile Gedankengut sollte in beiden Unternehmen vorhanden sein, da sonst die Methodik nicht gelebt wird. Eine weitere Grundlage für die Anwendung des agilen PMs, ist das frühzeitige Starten des agilen Projektes während der Merger Phase. Mit dem frühzeitigen Start herrscht Transparenz und es kann mit dem Integrationsmanagement begonnen werden, damit eine gemeinsame Unternehmenskultur entsteht. Hier ist es essenziell die Leistungsträger der beiden Organisationen einzubinden, da hier das größte Detailwissen vorhanden ist. Es hilft, das agile Projektteam mit Angestellten aus beiden Unternehmen zu durchmischen. Trotzdem gelingt der Integrationsprozess aber nur, wenn die einzelnen Mitarbeiter im Unternehmen die Veränderungen durch die Übernahme mittragen. Erst wenn diese Voraussetzungen des erfolgreichen Integrationsmanagements mit dem frühzeitigen Start des Projektes und einem aktiv ausgeführten agilen Gedankengut vorhanden sind, können die Elemente des agilen PMs überhaupt erfolgreich sein.

Ein weiteres Ergebnis spiegelt sich in den vordefinierten Rollen in Scrum wider, welche helfen klare Zuständigkeiten und Verantwortlichkeiten zu definieren. Dies schafft Transparenz in diesem vielschichtigen und komplexen Prozess. Die Stakeholder haben mit dem Product Owner einen festen Ansprechpartner, so dass das Entwicklungsteam ungestört die einzelnen Projektthemen abreiten kann. Dies funktioniert aber nur, wenn sich alle Beteiligten und vor allem die Stakeholder an die vordefinierten Rollen halten. Kritisch anzumerken ist, dass dies in der Praxis nicht leicht umzusetzen ist, da sich hier nicht alle an die vereinbarten Regeln halten werden, z. B. wenn die Stakeholder nicht schnell und ohne Mehraufwand an Ihre benötigen Informationen kommen.

Die Scrum Artefakte schaffen Transparenz im kompletten Ablauf, da die Themen eindeutig priorisiert sind und für alle Beteiligten auch einsehbar sind. Zudem ist der zeitliche Aufwand definiert, wodurch die Steuerung der einzelnen Arbeitspakte erleichtert wird. Das Product Backlog hilft, dass bei solch einem dynamischen Projekt die Anforderungen immer an die aktuellen Gegebenheiten angepasst werden können. Durch die Definition of Done wird ein ganzheitliches Verständnis bei beiden beteiligten Unternehmen für das Erreichen der Fertigstellung einer Aufgabe geschaffen. Es sollte sich auch hier ausreichend Zeit genommen werden die Kriterien zur Fertigstellung zu definieren, da es bei Beteiligten aus zwei Unternehmen verschiedene Meinungen geben wird. Der intensive Austausch vorab spart während dem Projektverlauf Zeit und vermeidet Frust unter dem Projektteam.

Die einzelnen Scrum Ereignisse unterstützen, das vielschichtige und komplexe Thema der Übernahme in kleinen Schritten anzugehen. Außerdem werden durch den Sprint Review und die Sprint Retrospective Erfahrungen ausgetauscht, welche im Projektverlauf angewendet werden können. Hier ist es wichtig diese Veränderungen anzunehmen und im nächsten Schritt umzusetzen. Dies gelingt nur, wenn der Prozess von allen Beteiligten gelebt wird. Gleichzeitig sind die Ereignisse mit den Meetings sehr zeitintensiv, deswegen muss auf die richtige Balance und den Nutzen geachtet werden. Geschieht dies nicht, wird es keinen Mehrwert im Projekt geben und die Unzufriedenheit der Beteiligten wird steigen.

Wie Eingangs im theoretischen Teil erläutert, gibt es zwischen dem agilen und dem klassischen PM keine Grenzen, so dass in der Praxis Scrum mit klassischen PM-Elementen verbunden wird. Hier entscheidet jedes Unternehmen, welches Vorgehen am sinnvollsten ist.

Beim Erstellen der Hausarbeit muss berücksichtigt werden, dass sich die Ergebnisse nur anhand der Litertaturrecherche ergeben haben. Bei Einbezug von weiteren Forschungsmethoden, z. B. aus der empirischen Sozialforschung weichen, die Ergebnisse möglicherweise ab. Die vorhandene Literatur hat zudem meistens nur entweder agiles Projektmanagement oder Übernahmen beschrieben und nicht beide Themen in Zusammenhang gebracht. Zusätzlich lag der Fokus vor allem auf Scrum, da die Einbindung weiterer agiler Methoden den Umfang der Hausarbeit überschritten hätte.

Eine Empfehlung für zukünftige Forschungen wäre, die Themenstellung mit weiteren Methoden wie Interviews mit beteiligten Personen im Übernahmeprozess abzufragen und zu untersuchen, ob diese Forschungsansätze auf identische Ergebnisse kommen.

5 Fazit

Eine Unternehmensübernahme ist wie in der Einleitung beschrieben, ein vielschichtiges und komplexes Projekt. Die Umsetzung einer solchen Herausforderung kann mit den einzelnen Elementen eines agilen PMs wie Scrum durchgeführt werden.

Um sich dem Thema des agilen PMs zu nähern, ist das klassische vom agilen PM abgegrenzt worden. Auf Basis einer Literaturrecherche ist aufgezeigt worden, welche einzelnen Ausprägungen die agilen Methoden Kanban und Scrum haben. Für Scrum spielen wie Preußig und Schwaber/Sutherland beschreiben, sowohl die einzelnen Beteiligten im Projektteam, die Artefakte, als auch die Ereignisse eine entscheidende Rolle. Als Nächstes wurden die Spezifika einer Unternehmensübernahme herausgearbeitet. Der Startpunkt für die Übernahme sollte in der Merger-Phase sein. Für eine erfolgreiche Übernahme, ist ein Integrationsmanagement entscheidend, bei dem die Mitarbeiter in ein gemeinsames Unternehmen integriert werden. Das agile PM wird mit seinen einzelnen Ausprägungen ein einheitliches und geregeltes Vorgehen schaffen, welches Transparenz schafft.

Die wichtigsten Erkenntnisse aus der Litertaturrecherche sind, dass es für die Umsetzung des agilen PMs zunächst entscheidend ist, dass es entsprechende agile Gedankengut in den Organisationen zu haben. Des Weiteren sollte solch ein Projekt in der Merger-Phase starten und ein positives Integrationsklima schaffen. Sind diese Voraussetzung erfüllt, ist es entscheidend die definierten Rollen des Scrum Prozesses umzusetzen. Gleichzeitig wird das Integrationsklima durch eine Durchmischung der Teams verbessert. Um die Vorteile zu nutzen, müssen sich alle Beteiligten an die vorgeschriebenen Rollendefinitionen halten, da sonst der Prozess nicht reibungslos ablaufen kann. Ein weiteres Ergebnis ist der Nutzen der Artefakte, da dadurch Transparenz über die Priorisierung der anstehenden Aufgaben besteht und der zeitliche Aufwand absehbar ist. Es wird auch ein ganzheitliches Verständnis geschaffen wenn eine Teilaufgabe als erfolgt angesehen wird. Dies hilft den Beteiligten im Projektteam aus beiden Unternehmen. Zu den Scrum Ereignissen lässt sich als Ergebnisse festhalten, dass zum einen Transparenz geschaffen wird und zum anderen aus vergangenen Themen gelernt wird und diese Erkenntnisse im Projektverlauf genutzt werden können. Die zugrunde liegende Fragestellung, ob eine agile Vorgehensweise mit ihren Beteiligten, Artefakten und Ereignisse, es ermöglicht einen Unternehmenszusammenschluss erfolgreich umzusetzen, wurde anhand der Literaturrecherche beantwortet. So kann ein agiles PM angewandt werden, wenn die Vorrausetzungen des agilen Gedankenguts, ein positives Integrationsklima und der Startbeginn in der Merger Phase geschafft wurden. Die einzelnen Ausprägungen helfen dann während dem Projektverlauf, die Übernahme transparent zu gestalten. Wichtig ist, dass sich hier an die einzelnen Definitionen des Scrum Prozesses gehalten wird.

Es ist zu beachten, dass die Arbeit auf Basis einer Literaturrecherche erstellte wurde und weitere Forschungsmethoden nicht angewendet wurden. Das angewendet Vorgehen konnte somit nicht auf einen konkreten Praxisfall angewendet werden, da dies mit dem Umfang einer Hausarbeit nicht abbildbar war.

Für zukünftige Untersuchungen ist es empfehlenswert, das Vorgehen nicht nur anhand einer Litertaturrecherche zu überprüfen, sondern auch in der Praxis an einem konkreten Beispiel durchzuführen. Ob sich der Scrum Prozess als agile PM-Methode bei Übernahmen durchsetzen kann, wird sich noch zeigen. Die Scrum Elemente bieten aber einen ganzheitlichen Ansatz für die erfolgreiche Umsetzung einer Unternehmensübernahme.

Literaturverzeichnis

(1) Fachbücher und Zeitschriften

Baier, J. (2014), Projektteams bilden und entwickeln. In: Wagner, R./ Grau, N. (Hrsg.), Basiswissen Projektmanagement – Führung im Projekt, 1. Aufl., Düsseldorf, S. 61-78.

Behrens, R./Merkel, R. (1990): Mergers & Acquisitions: das Milliardengeschäft im gemeinsamen europäischen Markt, 1. Aufl., Stuttgart.

Bischof, H./Kohn, I. (2015): Mit Scrum zur agilen Organisation, Organisationsentwicklung, 34. Jg., Nr. 3, S. 90-95.

Brähler, G. (2008): Umwandlungssteuerrecht – Grundlagen für Prüfung und Steuerberaterprüfung, 1. Aufl., Wiesbaden.

Dabui, M. (1998): Post-Merger-Management – zielgerichtete Integration bei Akquisitionen und Fusionen, 1. Aufl., Wiesbaden.

Frohn, F./Walleyo, S. (2016): Projektmanagement einer Post-Merger-Integration. In: Kuckertz, A. (Hrsg.), Post-Merger-Integration im Mittelstand, Kompendium für Unternehmen, 1. Aufl., Stuttgart, S. 183-200.

Hinne, C. (2008): Mergers & Acquisitions Bedeutung und Erfolgsbeitrag unternehmensinterner M&A-Dienstleister, 1. Aufl., Wiesbaden.

Horstmann, C. (2011): Integration und Flexibilität der Organisation durch Informationstechnologie, 1. Aufl., Wiesbaden.

Jansen, S. (2016): Mergers & Acquisitions Unternehmensakquisitionen und -kooperationen. Eine strategische, organisatorische und kapitalmarktorientierte Einführung, 6. Aufl., Wiesbaden.

Jung, H. (2006): Allgemeine Betriebswirtschaftslehre, 10. Aufl., Oldenburg.

Kusay-Merkle, U. (2018): Agiles Projektmanagement im Berufsalltag, für mittlere und kleine Projekte, 1. Aufl., Wiesbaden.

Kuster, J./Bachmann, C./Huber, E./Hubmann, M./Lippmann, R./Schneider, E. et al. (2019): Handbuch Projektmanagement Agil – Klassisch - Hybrid, 4. Aufl., Berlin.

Lauer, T. (2019): Change-Management, Grundlagen und Erfolgsfaktoren, 3. Aufl., Aschaffenburg.

Lucks, K./Meckl, R. (2015): Internationale Mergers & Acquisitions: der prozessorientierte Ansatz, 2. Aufl., München und Bayreuth.

Luik, M. (2012): Integrationsmanagement bei Fusionen, Prozessablauf und Strategieentwicklung, 1. Aufl., Hamburg.

Moeller, M./Heitger, B. (2005). verliebt, verlobt, verheiratet – glücklich? Wertschöpfung durch Mergers & Acquisitions. In Gabler (Hrsg.), Wertschöpfung im Unternehmen. Wie innovative interne Dienstleister die Wettbewerbsfähigkeit steigern, 1. Aufl., Wiesbaden, S.81-110.

Pascher, D./Ropers, J./Zillmer, D. (2018): Controllers Toolbox, Projekte und Prozesse erfolgreich steuern, 3. Aufl., Freiburg, Wörthsee.

Picot, G. (2012): Handbuch Mergers & Acquisitions, Planung- Durchführung, Integration, 5. Aufl., Stuttgart.

Preußig, J. (2018): Agiles Projektmanagement, Scrum, User Stories, Task Boards & Co, 2. Aufl., Freiburg.

Preußig, J. (2020): Agiles ProjektmanagementAgilität und Scrum im klasischen Projektumfeld, 2. Aufl., Freiburg.

Pröpper, N. (2012): Agile Techninken für klassisches Projektmanagement. Qualifizierung zum PMI-ACP®, 1. Aufl., Heidelberg, München, Landsberg, et.al..

Prott, J. (2004): Unternehmenskultur und Personalführung im betrieblichen Alltag, 1. Aufl., München, Mering.

Walter, V./Berger, T./Mühlfelder, M. (2017): Grundfragen des Projektmanagements, 1. Aufl., Studienbrief der SRH Fernhochschule, Riedlingen.

Wirtz, B. (2014): Mergers & Acquisitions Management, Strategie und Organisation von Unternehmenszusammenschlüssen, 3. Aufl., Wiesbaden.

(2) Internetquellen

Anderson, D. J. (2020): The Principals and General Practices of the Kanban Method. In: https://djaa.com/principles-and-general-practices-of-the-kanban-method/ , abgerufen am 22.03.2021.

Ejobs (2014): Überforderte Product Owner. In: https://www.ejobs.de/2014/03/ueberforderte-product-owner/, abgerufen am 27.03.2021.

Schastok, I./Munck, J. (2020): Steuerung agiler Teams und Organisationen, 1.3.2 Kanban. In: https://www.haufe.de/controlling/controlling-office/steuerung-agiler-teams-und-organisationen-kontinuierlic-132-kanban_idesk_PI914_HI11800797.html , abgerufen am 24.03.2021.

Schwaber, K./Sutherland, J. (2020): Der Scrum Guide, der gültige Leitfaden für Scrum: Die Spielregeln. In: https://key2agile.de/wp-content/uploads/2020/11/2020-Scrum-Guide-German.pdf , abgerufen am 24.03.2021.

Tödtmann, C. (2015): Management-Blog. Die sechs wichtigsten Punkte bei Firmenübernahmen; wer nur auf Zahlen guckt, scheitert. In: https://blog.wiwo.de/management/2015/01/08/die-sechs-wichtigsten-punkte-bei-firmenubernahmen-wer-nur-auf-die-zahlen-guckt-scheitert-gastbeitrag-von-datagroup-ceo-schaber/ , abgerufen am 26.03.2021.